甲骨卜辞菁华

风俗篇

仇利萍 ◎ 著

安阳师范学院甲骨文研究院

甲骨学与殷商文化研究丛书

郭旭东 ◎ 主编

文物出版社

图书在版编目（CIP）数据

甲骨卜辞菁华.风俗篇/仇利萍著.--北京：文
物出版社，2023.8
ISBN 978-7-5010-7353-5

Ⅰ.①甲… Ⅱ.①仇… Ⅲ.①甲骨文－研究 Ⅳ.
① K877.14

中国版本图书馆 CIP 数据核字（2022）第 000519 号

甲骨卜辞菁华·风俗篇

著　　者：仇利萍

责任编辑：许海意
装帧设计：谭德毅
责任印制：张道奇

出版发行：文物出版社
社　　址：北京市东城区东直门内北小街 2 号楼
邮政编码：100007
网　　址：http://www.wenwu.com
经　　销：新华书店
印　　刷：宝蕾元仁浩（天津）印刷有限公司
开　　本：710mm×1000mm　1/16
印　　张：6.5
版　　次：2023 年 8 月第 1 版
印　　次：2023 年 8 月第 1 次印刷
书　　号：ISBN 978-7-5010-7353-5
定　　价：45.00 元

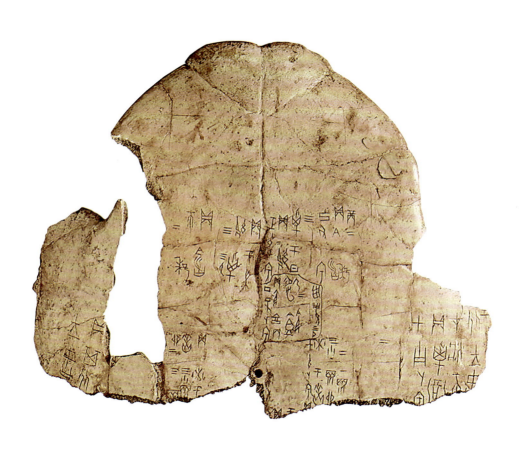

"赐食使者"卜辞(《甲骨文合集》9560)

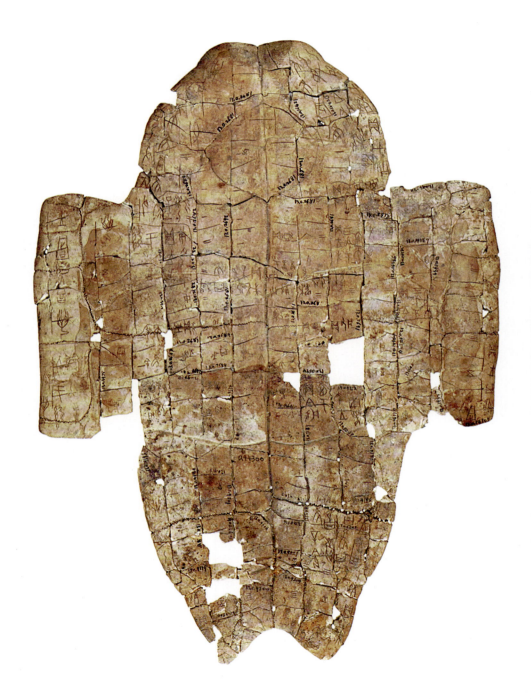

"飨入人"卜辞(《甲骨文合集》376正)

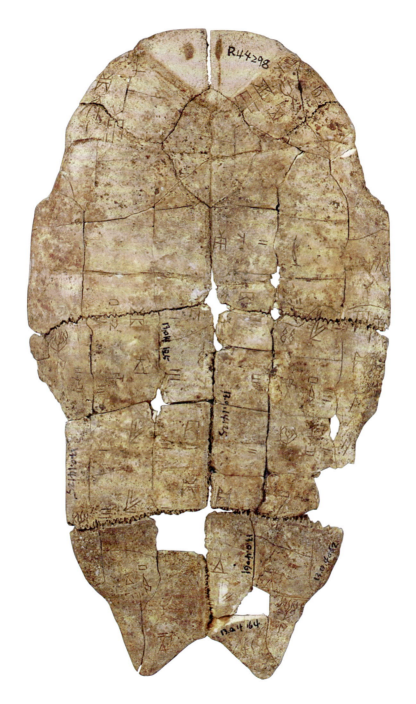

"乍邑"卜辞（《甲骨文合集》14201）

"呼取郑女子"卜辞(《甲骨文合集》536)

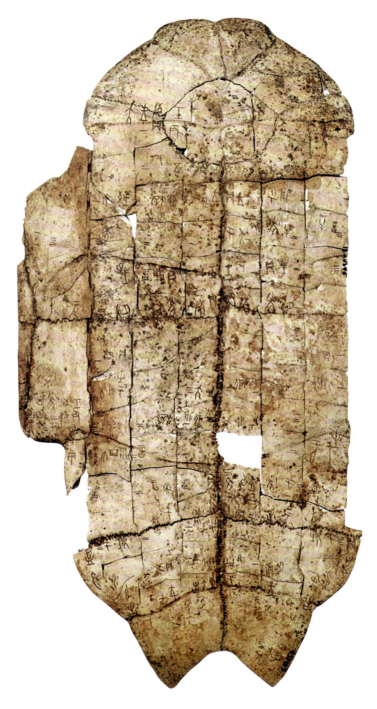

"王听隹女" 卜辞（《甲骨文合集》1051正）

"肇王女"卜辞（《甲骨文合集》14129反）

凡　例

一、"甲骨卜辞菁华"丛书包括商王名号篇、军制篇、战争篇、气象篇、祈年篇、天神篇、梦幻篇、风俗篇、书法篇九册。每册书名采用"甲骨卜辞菁华·某某篇"形式。

二、本丛书所收录甲骨片皆精选内容重要、片形较为完整、字迹较为清晰的甲骨拓片。个别片于书前附其彩图，部分片采用缀合后的拓片。拓片图为单辞条者，一般在前给出能看清刻辞的图版；而多辞条选取一二且不易区分者，前放局部以便分辨刻辞，后放整体以见整片全貌。

三、每片甲骨由整理者根据卜辞主旨拟定名称，具体格式为"某某"卜辞。

四、注释部分由释文、拓片信息、辞语解析及卜辞大意组成。其中，释文以竖排简体形式列于篇名之侧；拓片信息简略介绍所选甲骨片的分期、拓片来源；辞语解析以条目形式，对释文中的重点字词、语法特征及重要历史人物、典章制度等进行简略注释；卜辞大意则是阐述所选相关卜辞的主旨大意，部分卜辞附有相关背景知识的介绍。

五、释文加现代标点，以保证文本的可读性。卜辞中的常见字原则上使用简体中文；部分罕见字为保持原字形架构使用繁体字；而难以隶定之字，则采用原甲骨字形标示。

六、对于原甲骨片中字迹磨灭、缺失及模糊难以隶定的情况，释文中以一"□"标示一字，以"……"标示字数不确定。凡残缺但能据上下文意补定之字，在补定的文字外加"[　]"标示。

七、为了方便阅读，原甲骨片中的古今字、异体字、通假字，皆随释文直接写成今字、本字，不再另加标示符号，直接在注释中加以说明。

八、丛书所选刻辞甲骨分别采自《甲骨文合集》《小屯南地甲骨》《殷墟花园庄东地甲骨》与《小屯村中村南甲骨》等，正文中多用著录简称，每册后则附录有"甲骨文著录简称与全称对照"表。

九、丛书甲骨文分期采用董作宾的五期断代法，具体如下：第一期，商王武丁及其以前（盘庚、小辛、小乙）；第二期，商王祖庚、祖甲；第三期，商王廪辛、康丁；第四期，商王武乙、文丁；第五期，商王帝乙、帝辛。

　　十、本书的"辞语解析"部分中参考和选用了已有的甲骨学研究成果，为保持版面美观而不随行文注明，以"参考文献"的形式附录于书后。

前　言

　　风俗者，一方之风气习俗也，是一定地理环境中的人们在日常生活中逐渐形成并习以成性的行为方式。《新论·风俗篇》云："风者气也，俗者习也。土地水泉，气有缓急，声有高下，谓之风焉；人居此地，习已成性，谓之俗焉。"从广义上讲，风俗涉及日常生活中的方方面面，结合殷商社会生活历史，我们择取甲骨卜辞中的食、住、行、婚丧四个方面的内容来简述殷商时期的风气习俗。

　　商代以农业为主，甲骨文中记有不少谷类作物名称，如禾、黍、来、秜、𥝉等，并有贱食和贵重粮食之分。如甲骨文中的禾，即小米，一般是普通平民日常生活中的主食，为贱食；而黍即大黄米，经常见于宴飨及祭祀场合，还可以用于酿酒，则是贵重粮食的一种。按其性质，商代的饮食分为每日常食和筵席宴飨两类。其中，每日常食为两餐，分大食和小食。大食的进食时间固定在约 7~9 时，小食的进食时间固定在约 15~17 时。因为两餐的就食时间规律且固定，故大食、小食也被用作时间专称。《礼记·大传》载："合族以食，序之以礼。"自氏族部落起就有合族聚食的习俗，甲骨文中也有称"食"的聚食，参与者一般为普通族众。比较正式的聚食甲骨文中载为"飨""燕""㑹"或"食"，正合《国语·鲁语》所云："飨养上宾。"案曰："饮食之礼有三：曰飨，曰食，曰燕。"

　　商代"量地以制邑，度地以居民"，邑是当时居民聚居的基本单位。甲骨文中有"乍邑""立邑""大邑"诸类。其中，大邑指商的王都之邑，卜辞中另有"大邑商""天邑商""王邑"等称号。在邑之下，又有室、宫、宗、升、家、亚、寝等各具功能的建筑名称，卜辞中出现的这些建筑多与祭祀有关，除了居住功能外，兼具祭祀、行政功能。

　　殷商时期的交通出行，包括陆地交通和水上交通。其中，陆地交通工具以马车居多，且以两马鞁引最为常见，卜辞中有"左马""右马"并卜的现象。除了常见的马车外，还有用于负重致远的牛车，卜辞中常出现"五十牵""九十牵""百又五十牵"这类庞大的运输队伍。商代水陆交通并用，陆路与水道相交处，似已设立了专门的摆渡口，供商王和贵族阶级来往之便。商代的水上交通工具仍以舟为主，卜辞中有"舟更橐用""寻舟""涉舟""析舟"等多种用舟方式，并设有专门的官员管理。为了出行顺利，用舟前一般都有相应的出行仪式。此外，为了便于与外地的联系，殷商时期已初步建立起驿传制度，出现了官方旅馆"羁"以及专门负责驿传的职官。

殷商时期的婚姻制度虽有一夫一妻之说，但在实际生活中，特别是上层阶级中仍以一夫多妻较为常见，卜辞中有"多妇""多妣"之称，这与当时重"广嗣"、保家族永继有密切关系。与《周礼》中议婚、订婚、迎亲、婚礼相呼应，商代已有相应的礼仪内容，卜辞中有"取女""勿取女""呼取郑女子""弜女夷女"等对婚娶女子加以择选的议婚形式、有"二月女至"的请期仪式、有"肇王女"的迎亲程序，求吉占卜贯穿婚礼始终。在丧葬礼俗上，商代有随葬习俗，随葬品以器物和贝为主，仍有人殉的存在。

目　录

一

饮食风尚

（一）食物类别

『**受禾**』卜辞

甲午，贞：今岁受禾？

第四期

《小屯南地甲骨》2124

3

······

辞语解析

1. 贞，字作"𣂤""𣂤""𣂤"等形。"𣂤"本鼎形，后简省作"𣂤"，古文贞、鼎同源，后分化为两字。卜辞中"贞"常用作动词，有贞问、卜问之义。

2. 岁，字作"𢦏""𢦏"等形，象斧钺形，由王襄最早释出。岁在甲骨文中，有多种用法：其一，用作时间概念，表示一个收获季节，与"年"有别，如"癸卯卜，贞：今岁受年"（《合集》9648）；其二，用作杀牲之法，其意同"刿"，割杀对象多为牛、羊、牢、宰等，如"贞：翌丁巳用侯告岁羌三，卯牢"（《合集》401）；其三，用作祭祀名称，如"戊卜，翌乙亥岁，不雨"（《合补》7517）这条卜辞中，岁用作时间概念。

3. 受，字作"𠬪""𠬪""𠬪"等形，象两只手授受承盘之形，表示相互授受之义，由罗振玉最早释出。卜辞中受常见用法有二：其一，通"授"，用作授予义，如"辛亥卜，㱿贞：伐㿻方，帝受［我又］"（《合集》6271）；其二，用作承受、获得义，"己巳卜，㱿贞：我弗其受黍年"（《合集》9946正甲）。在这条卜辞中，受指承受、获得之义。

4. 禾，字作"𥝌""𥝌"等形，象穗聚下垂之形。本义指谷子，去壳即小米，是殷商时期的主要粮食作物；后引申为泛指一切谷物。卜辞中的"受禾"为常见固定词组，用以询问收成的好坏，这里的"禾"即是一切谷物的通称。

卜辞大意

　　这是一版反映商代祈求谷物丰收的卜辞。卜辞大意是甲午日占，贞问这一季的谷物是否有好收成。

　　商代以农业为主，商王较为关注农业收成，甲骨卜辞中常见"受禾""受年"之辞，用以卜问谷物的收成情况。在这里，"年""禾"二字可通用。《说文》："年，穀（谷）熟也。从禾，千声。"《穀梁传·桓公三年》载："五穀（谷）皆熟为有年。"年即指一切谷类全年的成熟，而禾又泛指一切谷物，所以甲骨文中卜问一年的收成好坏，可言"受年"，亦可言"受禾"。但若专指某种谷物，则只能用"受某年"，而不能用"受某禾"。

『受黍年』卜辞

2　丙辰卜，殼贞：我弗其受黍年？四月。

1　丙辰卜，殼贞：我受黍年？

2　　　　　　　　1

第一期

《甲骨文合集》9950正

辞语解析

1. 殼，字作"𤔲""𤔲"形，贞人名，常见于武丁时期的卜辞。

2. 我，字作"𢦍""𢦍""𢦍"等形，象长柄有齿之兵器形，借作"我"，用作第一人称代词，即"我们"，这里指商王国。此外，卜辞中的"我"还用作贞人名、方国名。如"己巳卜，我贞：今夕亡祸"（《合集》21586）的"我"，即为贞人名；"丁丑卜，韦贞：使人于我"（《合集》5525）的"我"，即为我方，指方国名。

3. 黍，字作"𥞝""𥞝""𥞝"等形，象多穗下垂之形，卜辞中用作谷物名，专指黄黏米，在殷商时期属贵重粮食。甲骨文黍字有从水"𥞝"形和不从水"𥞝"

"⿰" 形，杨升南认为这两种字形说明黍分黏性与不黏性两个变种，从水的黍为黏黍，可以用来酿酒；也有学者释为"稻"，禾立水中，突出禾苗亲水状。

4. 年，字作"⿱"形，象人负禾之形，由孙诒让最早释出。禾熟为有年，禾一熟为一年。受年，即获得了农作物的丰收。

5. 四月，指占卜的时间。

卜辞大意

　　这是一版反映商代祈求谷物丰收的正反对贞卜辞，两条卜辞刻在一块龟腹甲上。卜辞大意是丙辰日占卜，贞人㱿从正、反两方面卜问这一季的谷物黍是否有好的收成。

　　对贞卜辞，是甲骨卜辞辞例之一，通常是从正、反两方面卜问同一件事，以求获得最佳结果。如上辞中的"受黍年"与"弗其受黍年"即是例证。

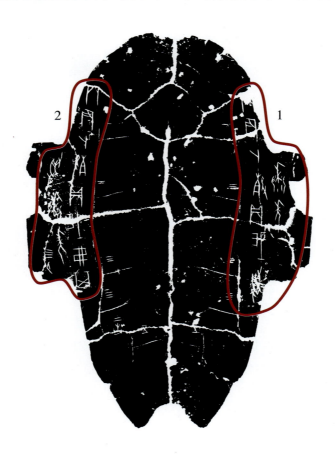

『告麦』卜辞

庚子卜，宾：翌辛丑屮告麦？

第一期

《殷虚书契前编》4.40.6

辞语解析

1. 宾，字作"⻔""⻔"形，是武丁时期贞人名。

2. 翌，字作"⻔""⻔"形，象鸟翼形，为翊之初文，借用为"翌"，表示时间，指未来某日。上辞中，辛丑日即为庚子日的次日。此外，在卜辞中，翌还用作祭名，表示连续祭祀，如"癸卯王卜贞：酌。翌日，自上甲至多毓……"（《合集》37843）

3. 屮，在甲骨文中用法较多，或释作"又"，表示再加上、还有，如"贞三十羌，卯十牢屮五"（《合集》321）；或释作"侑"，表示祭名，如"甲戌卜，宁贞：翌乙亥屮于祖乙？用。五月"（《合集》6）；或释作"有"，表示有无之有，如"贞：往于河，屮雨"（《合集》8329）；或释作"佑"，表示福佑、庇佑，如"乙未卜，黍在龙圃嗇，受佑年，二月"（《合集》9552）。这条卜辞中，"屮"即有无之有。

4. 麦，字作"⻆""⻆"等形，上从来，下从⻂，来为麦，⻂象其根，义为麦子。卜辞中有关"麦"的记载不多。"告麦"，学者说法不一，胡厚宣先生认为"告麦"即向商王报告麦子长势情况。

卜辞大意

这是一版反映商代"告麦"礼俗的卜辞。大意是庚子日占卜，贞人宾预测：明天辛丑日，可能有人来报告麦子成熟情况。

"告麦"为甲骨卜辞中常用固定语，如：

"己酉卜，宾：翌庚戌有告麦？翌己酉，亡其告麦？"（《合集》9621）

"翌乙未亡其告麦？"（《合集》9622）

"翌丁亡其告麦？允亡。"（《合集》9623）

关于"告麦"的意义，学者意见不一。郭沫若先生认为，"告麦"是一种品尝新麦的祭祀礼。胡厚宣先生认为告麦无关祭祀，而是"侯伯之国来告麦之丰收于殷王"，并进一步指出："'有告麦'，即有来告麦之丰收；'亡告麦'，即无来告麦之丰收也。"于省吾先生则认为："告麦的意义是：商王在外边的臣吏，窥视邻近部落所种或所获的麦子，对于商王作一种情报，商王根据这种情报，才进行武力掠夺。"结合卜辞中有关"告麦"之辞，我们发现这种贞卜多是在相对集中的时间内多次进行，与麦子成熟后需要及时收割的事实相符，所以胡厚宣先生的观点可从。

『或刈来』卜辞

辛亥卜，贞：或刈来？

第四期

《甲骨文合集》9565

辞语解析

1. 或，字作"可"形，王襄释："古或字，国字重文。"卜辞中常用作人名。

2. 刈，字作"𥝩""𥝪"等形，从禾从𢎤，隶定为"秂"，裘锡圭先生认为是"刈"之初文，本义指收割谷物的农具。商代生产技术较为落后，一般农作物成熟之后，都是先用刈一类的小农具收割穗头，再另外收取农作物的秸秆作为他用。在本辞中，刈用作动词，有收割之义。此外，卜辞中还有"刈黍""刈穧"等，皆用作收割之义。

3. 来，字作"朿""來"等形，象一颗小麦的形状，为秾之初文，本义是小麦。后来，"来"被假借为来去之来和表示时间概念的未来、将来之义。其中，表示来去之来的卜辞如："丙申卜，㕥贞：㞢来自〔西〕？"（《合集》7112）表示未来、将来之义的卜辞如："来乙未帝其令雨？"（《合集14147正》）

卜辞大意

这是一版反映商代小麦收割的卜辞。卜辞大意是辛亥日占卜，贞问要或来收割小麦吗。

在商代，麦类作物已不是单一品种，甲骨文中有"来""麦（🌾、🌾）""秾（🌾）"三种。关于它们具体对应麦类的哪一种，学者观点不一。于省吾认为，甲骨文中的"来"指小麦，"麦"指的是大麦；"秾"是《说文》中的"秾"，即小麦。袁庭栋则认为"来"是大麦，和今天青藏地区所说的青稞麦相近，而"麦"是小麦。罗琨则认为："甲骨文中'来'为小麦植株的独体象形字，后假借为行来义后，从而派生出两个新字'秾'和'麦'，'秾'主要作种名表示小麦，'麦'主要作类名，泛指麦类作物。"结合甲骨文中三字的用法，罗说较为合理，"来"在甲骨文中多用为将来、来去之来，极少用其本义，而麦多用作作物名称，"秾"较为少见。

『呼甫秜』卜辞

1 丁酉卜，争贞：呼甫秜于㘉，受有年？

2 □酉卜，争贞：弗其受有年？

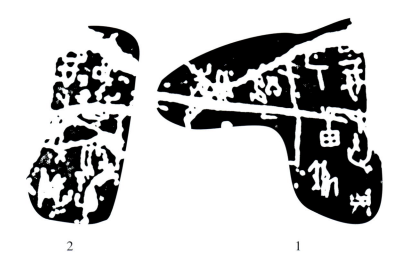

2　　　　　　　　1

第一期

《甲骨文合集》13505正

辞语解析

1. 争，字作"𡧖"形，为武丁时代常见的贞人名。

2. 呼，字作"𠂤"形，呼令、命令。

3. 甫，字作"𤰒"形，同"圃"，人名。由孙海波最早释出。

4. 秜，字作"𥝫"，陈梦家最早隶定作"秜"，于省吾进一步论证秜是野生旱稻的专名，《说文》："秜，稻今季落来年自生谓之秜。"在这里用为动词，指种植水稻。

5. 㘉，地名，隶定作"姐"，是商代重要的农作区。

卜辞大意

　　该版两辞，1辞辞意是丁酉日占卜，贞人争贞问："命令甫去㘉地种植水稻，会有好收成吗？"2辞辞意是［丁］酉日占卜，贞人争贞问："不会有好收成吗？"

这是一版正反对贞卜辞。贞人争从正、反两方面卜问命令甫去■地种植水稻的收成问题。其中，2辞承接1辞而言，省略了占卜事项"呼甫秅于■"，这种省略在对贞卜辞中是常见的。

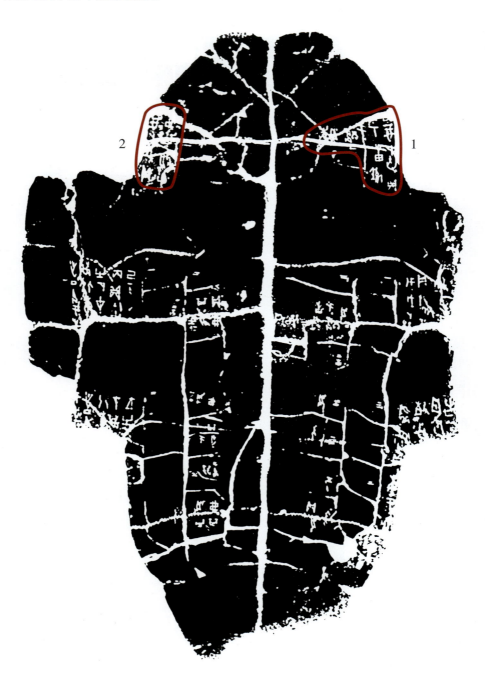

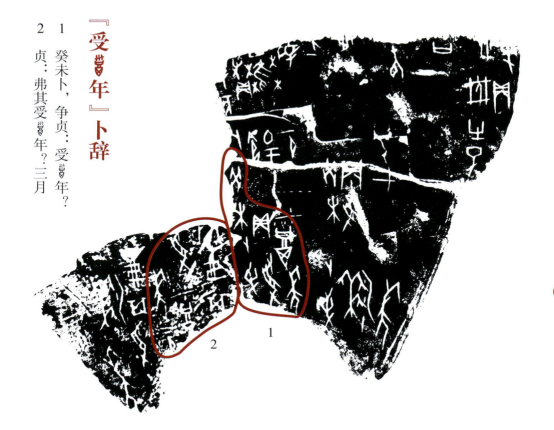

『受年』卜辞

1 癸未卜，争贞：受年？

2 贞：弗其受年？三月

第一期

《甲骨文合集》10047

辞语解析

1. ，一般隶定为""字，象米粒在大口尖底容器口部溢出状。罗振玉最早释为"酉"，唐兰《殷虚文字记》释为"稻"，于省吾认为是"菽"与"豆"的初文。本书从于释，读如菽，指大豆，是商代重要粮食作物之一。

2. 弗，字作"弗"形，卜辞中常用作否定词，有不能、不会之义。

3. 三月，指占卜时间在三月。

卜辞大意

　　该版两辞，大意是癸未日占卜，贞人争卜问："豆类会有好收成吗？不会有好收成吗？"在三月占卜。

（二）饮食礼俗

『大食、小食』卜辞

癸丑卜，贞：旬？甲寅大食雨自北。乙卯小食大启。丙辰中日大雨自南。

第一期

《甲骨文合集》21021

辞语解析

1. 旬，字作"ⓒ""ⓓ"等形，十天为一旬。

2. 大食，也称"食日"，与小食相对而言，既是表示时间的概念，也指一日两餐之时。卜辞中有明、旦、朝、大采、大食、中日、盖日、昃、郭兮、小食、小采、暮、夕等表示时间的词，其中"大食"为今7～9时，"小食"为今15～17时。

3. 启，字作"𣅶""𣉩"等形，表示雨停、天气放晴。在卜辞中，启或用作人名、地名，如"戊申卜，永贞：望乘屮保，在启"（《合集》39768）；或用作征伐之义，如"甲午卜，宾〔贞〕：沚䣆启，王比伐巴方，受屮又"（《合集》6471正）。

卜辞大意

　　大意是癸丑日占卜，贞问：未来十天的天气如何？占卜结果是甲寅日大食时自北方下雨，次日乙卯日小食时天放晴，第三日丙辰日中日时南方有雨。

　　这是一版反映商代饮食习惯的卜辞，商人以两餐制为常俗，分别称为"大食"和"小食"。两餐的就食时间约定俗成，故"大食""小食"也被用作时辰专称。

　　干支纪日是商代惯用的记录日序的方法，即用天干、地支相匹配来记录日序，从甲子开始到癸亥结束，60天为一周期，循环记录。详见下表：

	子	丑	寅	卯	辰	巳	午	未	申	酉	戌	亥
甲	甲子 1		甲寅 51		甲辰 41		甲午 31		甲申 21		甲戌 11	
乙		乙丑 2		乙卯 52		乙巳 42		乙未 32		乙酉 22		乙亥 12
丙	丙子 13		丙寅 3		丙辰 53		丙午 43		丙申 33		丙戌 23	
丁		丁丑 14		丁卯 4		丁巳 54		丁未 44		丁酉 34		丁亥 24
戊	戊子 25		戊寅 15		戊辰 5		戊午 55		戊申 45		戊戌 35	
己		己丑 26		己卯 16		己巳 6		己未 56		己酉 46		己亥 36
庚	庚子 37		庚寅 27		庚辰 17		庚午 7		庚申 57		庚戌 47	
辛		辛丑 38		辛卯 28		辛巳 18		辛未 8		辛酉 58		辛亥 48
壬	壬子 49		壬寅 39		壬辰 29		壬午 19		壬申 9		壬戌 59	
癸		癸丑 50		癸卯 40		癸巳 30		癸未 20		癸酉 10		癸亥 60

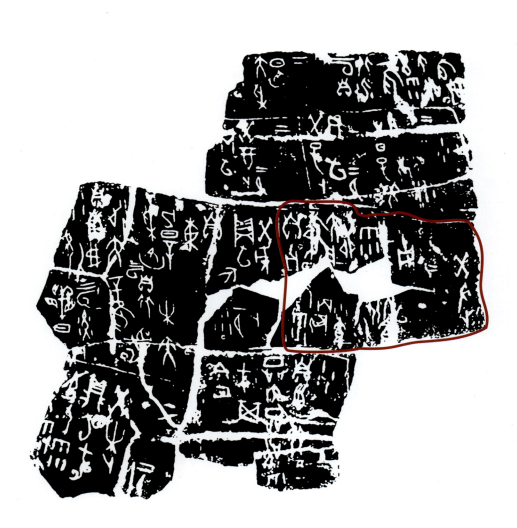

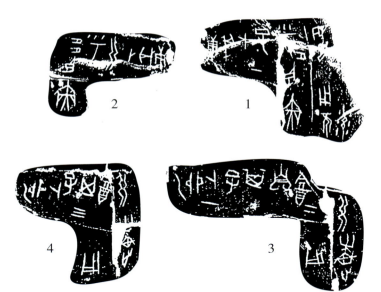

「多臣燕」卜辞

1 庚戌卜，子呼多臣燕？见？用。不率。

2 庚戌卜，弜呼多臣燕？

3 乙卯卜，子其禽，弜速？用。

4 乙卯卜，子其禽，弜速？用。

第一期

《殷墟花园庄东地甲骨》454

辞语解析

1. 子，商代子姓贵族，殷墟花园庄东地甲骨卜辞的主人。关于"子"的具体身份，学界众说纷纭，代表性观点有二："子"是沃甲之后的宗子；"子"为武丁太子——孝己。

2. 多臣，多位臣正或臣僚，卜辞中常泛指商代贵族家臣群体。

3. 燕，借指"宴"，宴享、宴饮之义。

4. 见，字作"𥏗"形，卜辞中有看见、觐见、出现、监视以及人名、地名和方国名等用法。在此应读为"献"，为贡献、进献之义。

5. 用，字作"𠄟""𠄟"等形，为使用、用作之义。

6. 率，字作"𢎺""𢎺""𢎺"等形，卜辞中常作用牲法。

7. 弜，字作"𢆶""𢆶"等形，为"弼"字之初文，表示否定之义，与"弗""勿"通用。

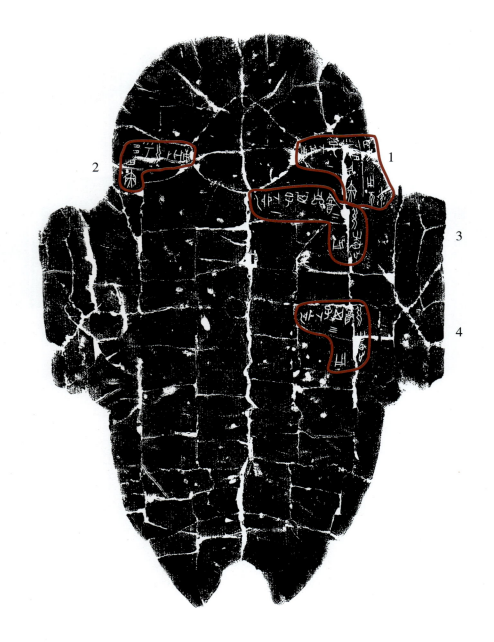

8. 畬，字作"畬""畬"等形，与"歠"字同，即后世之"饮"字，指用酒食设
   宴飨饮。

9. 速，字作"𦘒""𦘒"等形，为陈剑所释，意为邀请。《仪礼·特牲馈食礼》载
   "乃宿尸"，郑玄注："宿，读为肃。肃，进也。进之者，使知祭日当来。古文
   宿皆作羞。凡宿或作速，记作肃。"

卜辞大意

这是一版反映商代燕礼的卜辞。大意是：庚戌日占卜，卜问子姓贵族命令家臣参与燕饮是否吉利，是否需要进献，占卜结果被采用，没有杀牲祭祀。庚戌日再次占卜，卜问不让家臣参与燕饮是否吉利，五日后乙卯日占卜，两次卜问子姓贵族自饮，未邀请多臣参与燕饮是否合适，占卜结果被采用。

在古代的饮食礼中，酓（即饮）是不如燕正规的礼宴，《周礼·春官·大宗伯》载"以飨燕之礼，亲四方之宾客""以饮食之礼，亲宗族兄弟"，受宴者多为宗族亲属或亲近的文武臣僚，性质接近今天的便宴。

『登祖乙飨』卜辞

甲申卜，何贞：翌乙酉其登祖乙飨？

第三期

《甲骨文合集》27221

辞语解析

1. 何，字作"𝔣""𝔥"等形，第三期贞人名。

2. 翌，指第二日，即甲申日的次日为乙酉日。

3. 其，字作"𝔐"形，语气助词，表示将要、该当之义。

4. 登，字作"𝔛"形，祭祀名，指献荐食品之祭。登祭祖先神及自然神，应先登后飨。

5. 祖乙，甲骨文作"𝄐𝄐"形，亦称且乙，子姓，名滕，商王河亶甲之子，商代第十三位君主。

6. 飨，即食也，指祭祀结束后享用祭品。《淮南子·说山训》载："先祭而后飨则可，先飨而后祭则不可。"高诱注："礼，食必祭，示有所先；飨，犹食也。"强调了先祭祀后飨饮的顺序，也反映了商代先鬼神后生人的思想。此后，先祭后食逐渐成为一种礼俗，即进食前，一般象征性地先荐祭祖先，然后再食用，古时称为"氾祭"或"遍祭"。

卜辞大意

甲申日占卜，贞人何卜问：第二日乙酉日，商王登祭祖乙，祭祀结束后享用祭品，是否吉利？

一 饮食风尚

『食众人』卜辞

□巳贞：⿱⿱田黾更甲……食众人于泞？

第四期
《甲骨文合集》31990

辞语解析

1. ⿱田黾，常用作人名，字作"⿱田黾"形，为屈万里先生所释。有学者将其释为"⿱凶田" "⿱凶田"，皆误。

2. 众人，拥有自由身份的一般人，在这里指商代家族组织中的普通族众。

3. 泞，字作"⿰氵宁"形，用作地名，具体位置不明。

卜辞大意

这是一版反映商代聚众而食的卜辞，大意是卜问⿱田黾在甲日于泞地犒劳众人聚食是否合适。

『王飨戎』卜辞

庚午卜，争贞：惟王飨戎？

第四期

《甲骨文合集》5237

辞语解析

1. 争，字作"𣏾"形，贞人名。争在卜辞中常见，为甲骨文分期中第一期著名的贞人。

2. 飨，字作"𣪘"形，象两人跪坐食器两侧进餐之状，意为飨宴。古代的飨宴之礼包括飨、食、燕三项，其中飨为级别最高者，卜辞中常见商王对臣僚、宗亲、方国首领及边远地区的诸侯进行飨宴。

3. 戎，字作"𢦏""𢦏""𢦏"等形，由陈梦家最早释出，在此用作方国名，即文献中所载戎族。

卜辞大意

庚午日占卜，贞人争卜问："是否由商王亲自飨宴戎方之君长？"

『赐食使者』卜辞

丁巳卜，宾贞：令禽赐𠂤食，乃令西使？三月。

甲骨卜辞菁华·风俗篇

第四期

《甲骨文合集》9560

辞语解析

1. 宾，字作"宀"形，为武丁时期贞人名。

2. 令，字作"令"形，命令、号令。

3. 禽，人名。

4. 𠂤，人名。

5. 西使，出使西方。

卜辞大意

　　这是一版反映商王为使者赐食饯行的卜辞，大意是丁巳日占卜，贞人宾卜问："商王命令禽为出使西方的ℓ赐食饯行是否合适？"这是在三月所卜。

『缴入人』卜辞

1 庚申卜，㞢，贞：王使人于陾，若？王占曰：吉，若。

2 贞：勿使人于陾？不若。

3 贞：呼登缴入人？

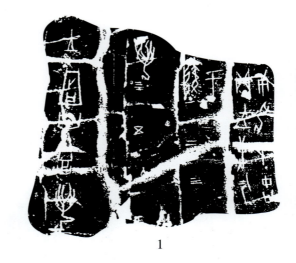

1

2

3

第一期

《甲骨文合集》376正

辞语解析

1. 古，字作"㞢""㞢"等形，武丁时期贞人名。

2. 陾，字作"陾"形，方国名。

3. 若，字作"若"形，象女子跪坐整理头发状，表示顺从之义。卜辞中常做顺若、顺利之义。又用作"诺"，有许诺、同意之义。

4. 登，字作"登""登""登"等形，常指盛放肉食的礼器，在这里作人名。

5. 入人，即来商都之人，即来宾、来使。

26

甲骨卜辞菁华·风俗篇

卜辞大意

这是一版反映商代设宴款待来使的卜辞。大意是庚申日占卜，贞人古卜问："商王欲派使者随陕地来人同还，是否顺利？"商王占卜的结果是吉利，可以同去，不同去反而不吉利。接着又卜问："命令登以酒食飨来人是否合适？"

『王飨于』卜辞

甲午卜，王其侑祖乙，王飨于⌂？

第四期

《小屯南地甲骨》2470

辞语解析

1. 侑，字作"⼂""⼃"等形，祭祀名，指侑求之祭。

2. ⌂，隶定为"宙"，"庭"之初形，为屋舍之名。

卜辞大意

这是一条反映商代祭祀祖先后宴飨的卜辞。大意是甲午日占卜，卜问："商王侑祭祖乙后，在厅举行宴飨之礼是否合适？"

在卜辞中，飨除了表示宴飨之礼外，还表示一种祭祀方式，即通过献食进行祭祀，如《合集》23003"庚子，王飨于祖辛"，即是贞问商王飨祭祖辛之辞。

『飨方』卜辞

庚辰贞，至河，禽其戎，飨方？

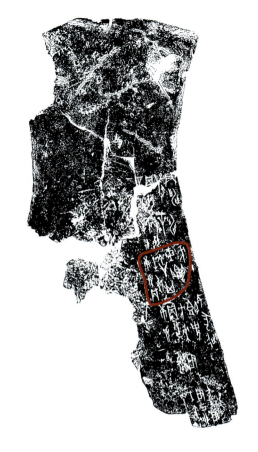

第四期

《小屯南地甲骨》1009

辞语解析

1. 禽，字作"❤"形，武将名。

2. 戎，字作"车"形，从戈从甲，古代兵器的总称。这里代指军队。

3. 方，字作"方""方""方"等形，指东、南、西、北四望。

卜辞大意

　　这是一条反映商王在野外宴飨的卜辞。大意是庚辰日占卜，卜问禽率师出征，商王亲送至河设宴为其饯行并飨祀四方是否合适。

『曰食麦』刻辞

月一正，曰食麦。

甲骨卜辞菁华·风俗篇

第二期
《甲骨文合集》24440

辞语解析

1. 月一正，指殷历正月，相当于夏历的十二月、周历的二月。先秦时期，夏、殷、周三种历法并行。三者最主要的区别在于岁首不同，即每年的正月不同。《史记·历书》载："夏正以正月，殷正以十二月，周正以十一月。"由于岁首不同，各历表示四季的月份也随之不同。

2. 曰，字作"曰"形，称为。

卜辞大意

这是一条反映商代聚食时限的刻辞。大意是商代的正月，也是吃到新收获的麦子之时。这表明在新麦收获之后的农闲月份，众人可以聚食群饮。由此可见，商代普通族众的聚食，受限于官方，是有时间规定的。

二　居住风习

『大邑』卜辞

癸亥卜，王，方其敦大邑？

第一期

《甲骨文合集》6783

辞语解析

1. 方，字作""、""等形，方国名，多活动于东方，是商的敌对方国。卜辞中多次记载了方方对商朝统治疆域的侵扰。

2. 敦，字作""形，敦伐、进攻。

3. 大邑，王都之邑。邑，作""形，从口从，口象疆土，象跪坐之人，邑字象人民聚居在城郭之内，是当时社会的基层组织。

卜辞大意

卜辞大意是癸亥日占卜，王亲自贞问方方是否会进攻商的大邑。

『乍邑』卜辞

1 庚午卜，内贞：王乍邑，帝若？八月。

2 庚午卜，内贞：王勿乍邑在兹，帝若？。

1　　　　　　2

第一期

《甲骨文合集》14201

辞语解析

1. 内，字作"⚆""⚆""⚆"等形，第一期贞人名。

2. 乍，字作"⚆""⚆"形，"作"字初文，本义是用锄头掘除草木，引申为建造。凡建造房屋城邑，必先挖草除木，平整土地，故引申为建造之义。

3. 邑，甲骨文作"⚆""⚆"等形，从口从人，表示人口聚居之地，相当于后世的邦或国。

4. 帝，字作"⚆""⚆""⚆"等形，义为上帝、天帝，是殷人所崇拜的至上神。

5. 若，顺若、顺利。

6. 八月，指该卜辞的占卜月份。早期卜辞常附月份在文末，记为"某月"或"在某月"。

7. 兹，字作"⚆"形，常用作指示代词，可以指代时间、地点及状况等。在这条卜辞中，兹指代地点，相当于"此"。

卜辞大意

这是反映商代辟土筑造邑的卜辞。大意是卜问商王辟土筑邑是否会顺利，能否受到上帝的保佑。

以上两条卜辞是甲骨辞例中常见的对贞卜辞，即贞人从正（"王乍邑"）、反（"王勿乍邑"）两方面对所询问的事情进行占卜，以求得最佳结果。

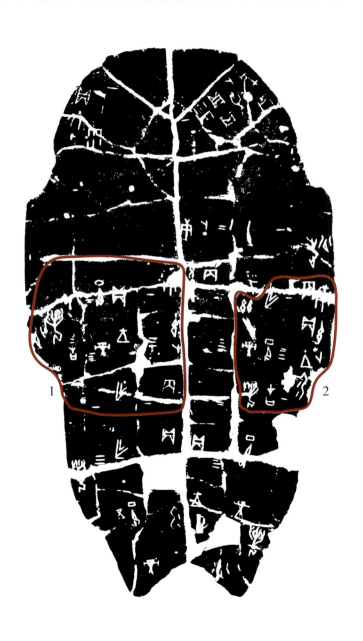

「宅新室」卜辞

1　丁未卜，贞：今日王宅新室？

2　贞：勿宅？三月。

第一期

《甲骨文合集》13563

辞语解析

1. 宅，字作"𡆲"形，居所，多指一般平民的居宅。在此用作动词，有搬迁之义。

2. 室，字作"𡨈"形，宫室，是贵族统治阶级治事、居住房屋及祭祀宗庙的通称。

3. 三月，指此次占卜的月份。

卜辞大意

　　这是一版反映商代新居落成后迁宅的卜辞。大意是卜问商王今日是否应迁往新居？后又从反面卜问，还是不宅新居？是在三月所卜。

　　上述两条卜辞是甲骨卜辞中常见的正反"对贞卜辞"，贞人从正、反两方面询问商王今日迁往新居是否合适。因为所卜事项相同，所以对贞卜辞往往会出现语句简省的现象。如上辞中"勿宅"，即为"今日王勿宅新室"的简省。

『右宫』卜辞

即右宫？

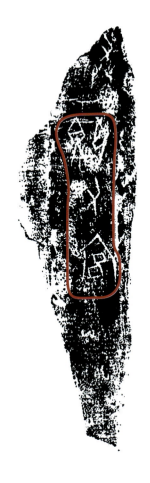

第三期
《甲骨文合集》30375

辞语解析

1. 即，字作"𝕏""𝕏"等形，到达、进入。

2. 宫，字作"𝕏"形，宫殿，为统治阶级的宴飨、祭祀、治政和居住之所。右宫，即右边的宫殿。

卜辞大意

　　该辞残缺。从残留的"即右宫"，可以推知大意是卜问是否要去到右宫。

40

甲骨卜辞菁华·风俗篇

第三期

《甲骨文合集》28252

辞语解析

1. 即，字作"𝕝""𝕝"等形，象人跽坐于食器前，有既食义，在此用作祭名。

2. 宗，字作"𝕚"形，为祭祀祖先或自然神的场所。

卜辞大意

卜辞大意是：贞问到右宗去祭祀，会不会下雨。

『东寝』卜辞

1．辛丑（卜），于西寝？

2．于东寝？

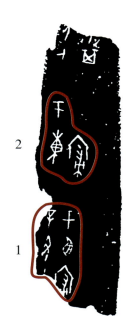

2

1

第四期

《战后京津新获甲骨集》4614

辞语解析

1. 于，字作"于""丂"等形，介词，到、在。

2. 西，方位词，表示方位的西边，与下辞中的"东"相对。

3. 寝，字作"𡧫""𡩟"形，是商王和后妃的居住之所。卜辞中有专门的寝官负责其事务，如有专门负责商王膳食的宰、专门负责寝宫管理的寝等。"东寝""西寝"指位于东西两侧的寝宫。

卜辞大意

　　辛丑日占卜，卜问是要到西边的寝宫，还是到东边的寝宫呢？

　　这是一版反映商代居住环境的选贞卜辞，商王对所要居住的西寝、东寝进行了选择性占卜。其中，2辞与1辞相对，省略了序辞部分的占卜时间。

『王小寝』卜辞

甲午，贞：其令多尹乍王小寝？

第四期

《中国社会科学院历史研究所藏甲骨文字》1566正

辞语解析

1. 尹，字作"𝄞"形，官名，这里指负责宫室建造的事务官。

2. 王小寝，即王寝，是商王居住休息的地方。卜辞中有"大寝""小寝"之分。"大寝"是商王的正寝，兼具居住和处理政事的功能；"小寝"非正寝，只作居住休息之用，卜辞中的"东寝""西寝"可能是"小寝"之属。《周礼·冢宰》载："宫人掌王之六寝之修。"郑注云："六寝者，路寝一，小寝五……路寝以治事，小寝以燕息焉。"

卜辞大意

　　这是一条反映商王命令多位尹官负责宫室建造的卜辞。大意是，甲午日占卜，贞问命令多位尹官建造王的寝宫合适与否。

『我家』卜辞

……王为我家，祖辛弗左王？

第一期

《甲骨文合集》13584正甲

43

二　居住风习

辞语解析

2. 为，字作"𣎆""𣎆"等形，为……建造。

3. 家，字作"𡩜"形，家室，表示人的居所。

4. 左，在卜辞中常与"若"相对而言，指祖先或神灵对王降临的一种不利的行为，与"祟"意思相近。

卜辞大意

卜辞大意是，商王将要建造宫室，祖辛会不会降临灾祸。

三　交通出行

『九十牟』卜辞

戊子卜，品其九十牟？

第四期

《甲骨文合集》34675

辞语解析

1. 品，字作"品""品"等形，有率义，率领。《汉书·酷吏传》载："发觉而弗捕满品者。"颜师古注："品，率也，以人数为率也。"另，品在卜辞中亦常作祭名。

2. 九十，字作"九"形，为"九""十"合文，数词。

3. 牟，甲骨文作"牟"形，象用绳索套牛牵引状，意即牛车。在卜辞中，牟常用作牛车的计量单位，有五十牟、九十牟、百又五十牟之说。

卜辞大意

　　这是反映商代以牛车为主要陆上交通工具的卜辞。大意是戊子日占卜，询问动用九十辆牛车是否合适？

　　查找相关甲骨卜辞，如："□□卜，品其九十牟？"（《合集》8086+18475）"……其百又五十牟？"（《合集》34674）可知商代牛车的使用较为频繁，动辄五十、九十甚至百五十之数，其不但用于战争中运输物资，也广泛地用于日常生活中。《尚书·酒诰》称殷人"肇牵牛车远服贾"，用牛车运送物品进行交换活动。在卜辞中，牛车数量远超过马车，是殷商时期最大众化、最实用的交通运输工具。

「取右车」卜辞

1 壬辰卜，子呼射，弹、取右车，若？

2 癸巳卜，子叀大令，呼从弹取右车，若？

2　　　　　　　　　　1

第一期

《殷墟花园庄东地甲骨》416

48

甲骨卜辞菁华·风俗篇

辞语解析

1. 子，字作"𠂤""𰀀"形，为殷墟花园庄东地 H3 甲骨卜辞的主人。据卜辞内容，可知"子"的身份尊贵，地位很高。《花东》整理者认为"他不仅是族长，可能是沃甲之后这一支的宗子，而且又是朝中重臣"，地位高于目前所知的其他非王卜辞主人，有学者推测其为武丁之太子。

2. 呼，字作"屮"形，命令。

3. 射，字作"𰀀""𰀀""𰀀"等形，动词，开弓射箭。

4. 弹、𰀀，均为人名，在这里他们的职责是驾车的御夫。

5. 右车，商代实行左、右"两车制"，又以右车为主车、左车为副车。

6. 叀，通"惟"，语气助词，常见于卜辞，无实际意义。

7. 大令，通"大命"，即下命令。其中，大为敬词，表示尊敬。

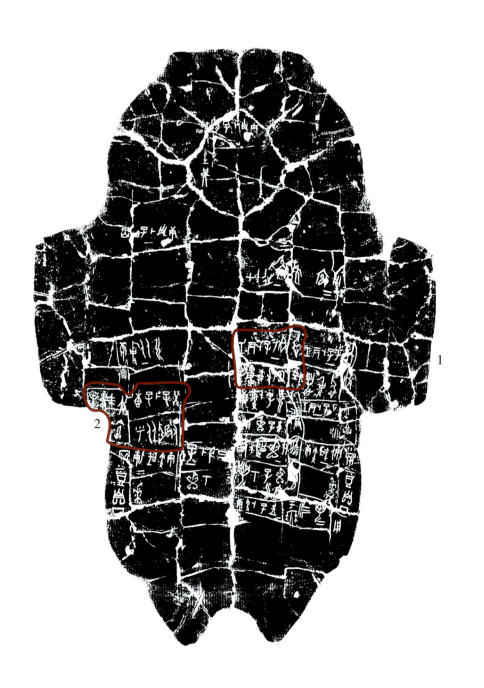

1

2

卜辞大意

　　壬辰日占卜，子命令车夫弹、𠬞取右乘主车去竞射，会顺利吗？癸巳日占卜，子命令御夫弹取右车进行竞射，会顺利吗？

『舟叀橐用』卜辞

1 丁未卜，贞：亚勿往庚，在兹祭？

2 贞：勿呼涉河？

3 贞：勿呼伐，舟叀橐用？

1

2

3

第一期

《甲骨文合集》5684

辞语解析

1. 亚，字作"✛"形，用为人名，常见于武丁及之后卜辞。此外，亚在卜辞中还用作地名、官职名。

2. 庚，字作"甫""甫""甫"形，地名。

3. 兹，字作"☖☖"形，在此仍用作指示代词，《尔雅·释诂》："兹，此也。"指代地点，相当于"此"。

4. 涉河，即渡河。

5. 伐，字作"杵""彳""枊"形，通"筏"，渡河工具。

6. 橐，浮水工具，甲骨字作"Ⅹ"形，似用兽皮，两端扎紧，靠里面的空气增大浮力。

7. 舟叀橐用，为宾语后置句型，即"叀用舟橐"，意思是用装载皮囊的舟渡河。

卜辞大意

　　这是一版反映商代乘舟渡河的卜辞。大意是1辞丁未日占卜，贞问："亚不要前往庚地，在此地祭祀吗？"2辞再次贞问："不要命令过河吗？"而3辞贞问："不要用伐渡河，用装载皮囊的舟渡河吗？"三条卜辞同卜一事，占卜者应为渡口管理者，可见当时渡口已有比较完善的管理制度。

1

『寻舟于河』卜辞

乙丑卜，行贞：王其寻舟于河，亡灾？

第二期

《甲骨文合集》24609

辞语解析

1. 行，字作"扑"，第二期贞人名。

2. 寻舟，即为泛舟、行舟。

3. 河，字作"忄"形。卜辞中河常用为水名，特指黄河。

4. 亡灾，没有灾祸。亡，字作"屮"形，读作"无"，没有。

卜辞大意

　　这是一篇反映商王乘船出行的卜辞。大意是乙丑日占卜，贞人行卜问："商王在黄河里行船，没有灾祸吧？"

『出舟』卜辞

1 叀壬出舟？

2 叀癸出舟？

3 ……出舟。

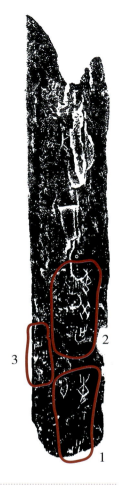

第四期

《小屯南地甲骨》4547

辞语解析

1. 叀，字作"🐛"形，通"惟"，为语气助词，无实际意义。

2. 出舟，即乘船出行。

卜辞大意

　　这是一版关于商王乘船出行的卜辞。1辞卜问："是壬日乘船出行？"2辞卜问："癸日乘船出行？"3辞残缺，是继续卜问："某日乘船出行？"

　　以上三条卜辞是甲骨卜辞中常见的选贞卜辞，即对一件事从某方面进行选择性的卜问，以求得最佳结果。如上辞中，就是对出行的具体日期进行多次卜问。

第一期
《甲骨文合集》641正

『涉舟』卜辞

癸酉卜，亘贞：臣得？王占曰：其得唯甲、乙。甲戌，臣涉舟延陷，弗其告。旬又五日丁亥执。十二月。

甲骨卜辞菁华·风俗篇

辞语解析

1. 亘，字作"冃"形，贞人名。

2. 臣，字作"𠂤""𠂤"形，指男性奴隶。

3. 得，字作"𢔗"形，得到，在此表示能够抓获逃跑的奴隶。

4. 涉舟，乘船渡河。涉，甲骨文作"𣥿""𣥿""𣥿"形，为王襄先生所释，象徒步行走在水里状，后引申凡渡水者皆称涉。

5. 延，字作"𧗊"形，延误。

6. 陷，字作"𠲱""𠲱"等形，象人陷于坑坎之形，义为坠陷、陷入，引申为遭遇变故。

7. 弗，字作"弗"形，表示否定意义。

8. 告，字作"告"形，告知。

9. 旬又五日，即十五日。旬，古代计时单位，一旬为十天。

10. 执，字作"𫎟""𫎟""𫎟"形，逮捕、捕获。

11. 十二月，表示占卜时间，也表示占卜事情发生的时间。

卜辞大意

癸酉日占卜，贞人亘问："逃亡的奴隶能抓到吧？"商王根据卜兆判断说："在甲日或乙日可以抓到。"第二天甲戌日，逃臣乘船渡河，陷在河里，本来是可以抓住的，但由于没有及时报告，所以甲戌日未能抓获。十五日后的丁亥日，逃臣被抓获了。贞问的时间是在十二月。

这是一条包含了前辞、命辞、占辞、验辞的完整甲骨卜辞。其中验辞记录了抓获逃臣的时间在丁亥日，与占卜结果（甲日或乙日）不符，是对商王占卜预测失误的如实反映。

『析舟』卜辞

1 庚午卜，叀大史析舟？

2 叀小史析舟？

3 叀吴令析舟？

4 叀介令？

5 叀戈令？

4

2

5

3

1

第四期

《甲骨文合集》32834

辞语解析

1. 叀，字作"🐚"形，通"惟"，语气助词，常用于宾语前置句句首，以加强语气。结合上下文可知，"叀大史析舟"，即"叀令大史析舟"；"叀吴令"，即令吴；后两辞则是省去了"析舟"二字。

2. 析舟，即解舟，解开缆舟的绳索以待用。析，甲骨文作"析""析"等形，从木从斤，示意以斤（斧）伐木之形，本义是用斧头破木，后引申为解开、松解。

3. 大史、小史，职官名。

4. 吴、介、戈，字作"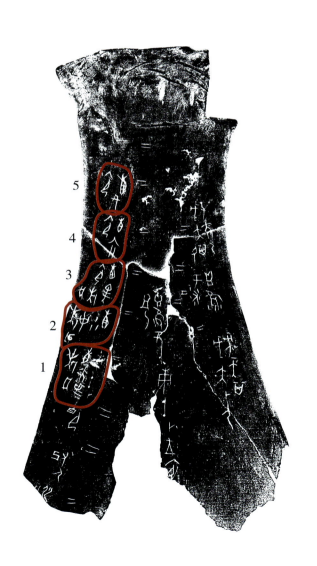""""形，人名，均为商王的臣僚。

5. 令，字作"食"形，命令。

卜辞大意

庚午日占卜，贞问："是由大史指挥解舟？是由小史指挥解舟？是由吴指挥解舟？是由介指挥解舟？还是由戈指挥解舟？"

这是一版反映商王析舟待用的选贞卜辞。商王反复询问该指派哪位有经验的官员指挥解舟开拔，可见其对析舟的格外重视。

2　　　　　　　　　　1

『弜至三羁』卜辞

1　弜至三羁？

2　至于二羁，于之若？王受又。吉。

第三期

《甲骨文合集》28157

辞语解析

1. 弜，字作"彡彡""彡"形，"弼"字初文，卜辞习见，常用于表示否定的发语词，与弗、勿均通。

2. 羁，字作"𦥑"形，象手持鞭之状，原有勒马驻止之意，后引申为驿站，指古代国家在主要交通干道上设置的供来往人员食宿的官方驿站，兼具驿传、食宿功能。

3. 三羁，羁的数目编次。根据路程远近，羁按数目顺序进行编次，由一羁至五羁共设五羁。《周礼·地官·遗人》载："凡国野之道，十里有庐……以待羁旅。"郑注："羁旅，过行寄止者。"宋镇豪认为："一羁至五羁，自此及彼，由近及远，相互关系明确，各羁舍间应保持有一定的距离。"并推测以王畿为中心，羁与羁之间保持30～50里的距离，则五羁已距王畿约250里开外了。

4. 若，字作"𦥑"形，顺利、顺意，表示时期按照既定的预设发展。

5. 又，字作"屮"形，通"佑"，保佑、庇佑。

6. 吉，字"⟨image⟩"形，占辞，是对卜兆所示吉凶的判断，常用于句末。"吉""引吉""大吉"是卜辞中常见占辞，与"凶"相对。

卜辞大意

1辞卜问："无法到达三羁吗？"

2辞卜问："到达二羁，在此处会顺利吗？"商王在此受到保佑。吉利。

这是一版反映商代驿传体系的正反对贞卜辞。据学界研究，甲骨文中出现的"羁"乃是商朝设置于道路上的驿站，专门供应贵族和驿递人员往来寄宿。甲骨文中的"羁"常以数字进行编次，编次顺序是顺道路自王都依次由近及远编置。

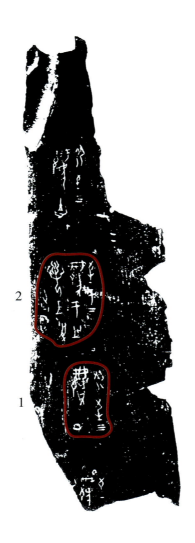

2　　　　　　　　　　1

『比𣪊于🐚』卜辞

1　癸卯卜，𣪊贞：呼弘往于🐚比𣪊？

2　癸卯卜，𣪊贞：勿呼弘往比𣪊于🐚？

甲骨卜辞菁华·风俗篇

第一期

《甲骨文合集》667正

辞语解析

1. 𣪊，字作"𣪊"形，贞人名。

2. 呼，字作"𭭟"形，呼令、命令。

3. 弘，字作"🏹"形，私名，是商王命令的对象。

4. 往于🐚，为卜辞中的常见结构"往＋于＋处所词"，表示出发去往某地。🐚，地名。

5. 比，字作"𓏮"形，会合。

6. 𢦤，甲骨文中出现的最初形式的驿传制度，负责消息传报，是体现商王朝对下属各地统治的具体措施。在卜辞中，𢦤也用为人名，指专门负责驿传者，是以职位相称。

卜辞大意

　　癸卯日占卜，㲀贞问："要让弘到𢍌地与𢦤会合吗？还是不要让弘到𢍌地与𢦤会合？"

　　此二条为对贞卜辞，从正、反两方面询问结果，表达了商王急切的心情。

2　　　　　　　　　　　　　　1

2

1

「呼箇辇」卜辞

1 其呼箇辇，又正？

2 王其商于之，又正？

第三期
《甲骨文合集》29693

辞语解析

1. 箇，字作"箇"形，人名。

2. 辇，即辇车，字作"辇"形，象二人立于车上之形，表示马车在行进过程中，需要人力辅助。《周礼·地官·乡师》载："大军旅会同，正治其徒役，与其辇辇。"郑注："辇驾马，辇人挽行。"这里用作动词，指用人挽辇。

3. 正，字作"正"形，用为祭名。

4. 商，读作"赏"，赏赐。

卜辞大意

　　这两辞是在贞问："商王命令箇挽辇车出行，做正祭，是否合适？商王在此有所赏赐，做正祭，是否合适？"

『枼三陲』卜辞

癸亥贞，王叀今日伐，王夕步自枼三陲？

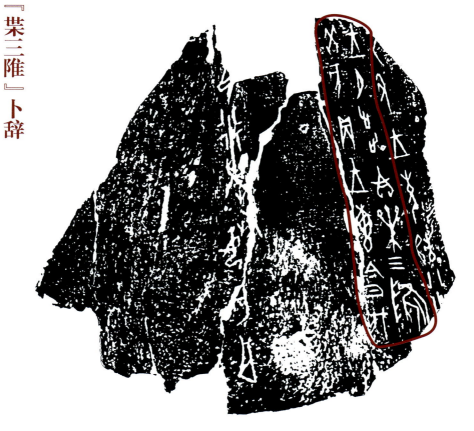

63

第四期

《甲骨文合集》33149

辞语解析

1. 叀，字作"🔯"形，通"惟"，语气助词。

2. 今日，指癸亥日这一天。

3. 伐，字作"🔯"形，征伐、进攻。

4. 夕，字作"🌙""🌙"形，夜晚。这里指癸亥日的晚上。

5. 步，字作"🔯"形，乘车出行。商承祚《殷虚文字类编》："所谓王步于某，涉于某者，非王步行徒涉也，以车曰步，以舟曰涉耳。"

6. 枼三隓，为保护道路安全，商代在主干道设有军事保安点，称为"枼隓"。
枼隓的设置，与"羁"一样，按数目顺序编次。卜辞中有"枼隓"（《合集》
33150）、"枼三隓"（《合集》33149）、"枼四隓"（《屯南》994）之例。《说文》：
"枼，楄也。"指短的方椽子。宋镇豪认为："甲骨文枼应指防御木栅墙或土堞
一类人工构筑设施。"隓，《说文》："隓，隗高也。""枼隓"即指借助自然高
地而设置的路障。

卜辞大意

　　这是一条反映商代在道路上设置哨所机构的卜辞。商代开始建立初步的国家
交通网，为了保障道路的安全畅通，武丁王朝之后，统治者设立据点以镇守，也
用于传递军事情报、转运物资以及接待往来商使等。这些常设性的具有军事防守
功能的哨所，称为"枼隓"。和"羁"一样，枼隓的设置也以数目为序，有"枼
隓""枼三隓""枼四隓"之称。癸亥日占卜，贞问：商王今日进攻，晚上从枼三
隓乘车出发会顺利吧？

四 婚丧礼俗

（一）商代婚制

「多妇」卜辞

1 丙午，贞：多臣亡疾？

2 丙午，贞：多妇亡疾？

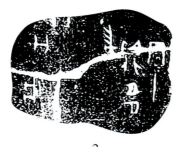

2　　　　　　　　　　1

第一期

《甲骨文合集》22258

辞语解析

1. 多臣，与"多妇"对贞，说明二者地位相当，指家族内协助族长进行管理督导的家臣。

2. 多妇，商代称"妇"者皆是有爵位及贵族显臣的配偶。多妇即当时一夫多妻制的反映。

3. 亡，字作"ㄐ"形，通"无"，没有。

4. 疾，字作"𤕫"形，疾病。

卜辞大意

　　这是一版反映商代贵族多妇制的卜辞。1辞大意是丙午日占卜，贞问："多臣没有疾病么？"第2辞也是丙午日占卜，贞问多妇没有疾病吧？

　　以上两条卜辞的甲骨卜辞中常见的选贞卜辞，贞人对一件事从几方面举行选择性的卜问，以期得到明确的选择。如上辞中的"多妇亡疾"与"多臣亡疾"，即是例证。

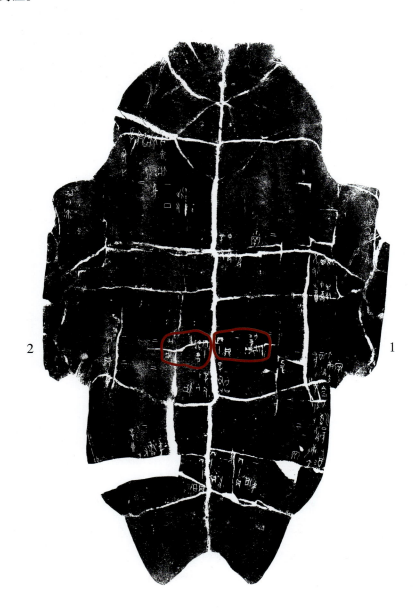

2　　　　　　　　　　　　　　　　　　1

（二）婚娶礼俗

『呼取郑女子』卜辞

1 辛卯卜，争贞：勿呼取郑女子？

2 辛卯卜，争贞：呼取郑女子？

2　　　　　　1

第一期

《甲骨文合集》536

辞语解析

1. 争，字作"𤔲"形，贞人名。

2. 呼，呼令。正反卜问"呼取郑女子"，说明商代有强制议婚的性质。

3. 取，字作"𠂇"形，通"娶"，婚娶。

4. 郑，字作"𡧡"形，古奠字，在此用作郑地名。

卜辞大意

　　这是一版反映商代议婚礼节的卜辞。1辞大意是辛卯日占卜，贞人争卜问："是否不要迎娶郑国女子么？"2辞贞人争又在同日卜问："命令娶郑国女子么？"

　　以上两条卜辞是甲骨卜辞中常见的对贞卜辞，贞人争从正（呼取郑女子）、反（勿呼取郑女子）两方面进行占卜，以求得到最佳结果。

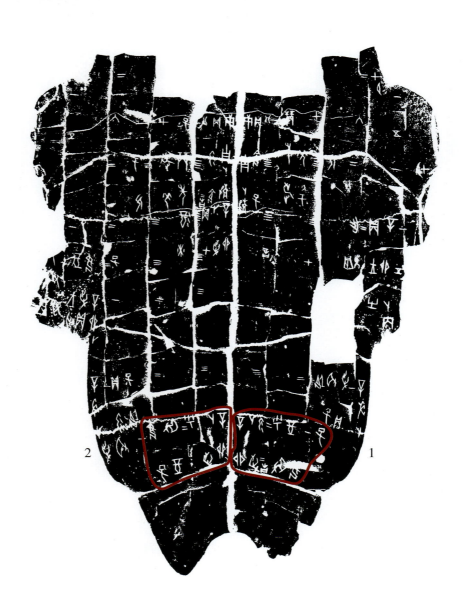

『王听隹女』卜辞

1 贞：王听隹女，告？

2 贞：翌庚寅，王告？

3 贞：王于甲午告？

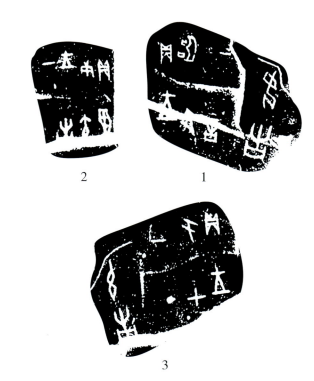

2   1

3

第一期

《甲骨文合集》1051正

辞语解析

1. 听，字作"〔图〕"形，听闻、受听。

2. 隹，字作"〔图〕"形，语助词，无实际意义。

3. 翌，字作"〔图〕""〔图〕"等形，第二日。

4. 告，字作"〔图〕"形，象张口伸舌言语之形，《广雅·释诂》曰："告，语也。"在卜辞中，告的用法有二：一是作祭名，祭祀对象往往为祖先神、自然神，如"贞：告疾于祖乙"（《合集》13849）"告秋于河"（《佚》625）。二是臣属之报告，如"翌辛丑出告梦"（《前》4.40.7）。在这条卜辞中，告为祭名，指告祭祖先询问吉日。

卜辞大意

　　这是一版反映商代订婚礼节的卜辞。1辞大意是，商王听闻婚事后卜问："是否告祭祖先询问婚期？"2辞贞问："是在未来的庚寅日，商王亲自举行告祭么？"3辞贞问："是商王在甲午日举行告祭之礼么？"

『女至』卜辞

丙午卜，今二月女至？

第一期

《甲骨文合集》20801

辞语解析

1. 女至，指女子嫁入商。

卜辞大意

　　这是一条反映商代婚礼请期的卜辞。卜辞大意是丙午日占卜，卜问："今年二月会有女子嫁入商吗？"

『肇王女』卜辞

庚午卜，古贞：呼肇王女来？

第一期

《甲骨文合集》14129反

辞语解析

1. 古为第一期贞人。

2. 呼，呼令、命令。

3. 肇，字作"旪""扚"等形，送致。

卜辞大意

这是一条反映商代迎亲之礼的卜辞。卜辞大意是商王室嫁送女，是否令男方前来迎宾。

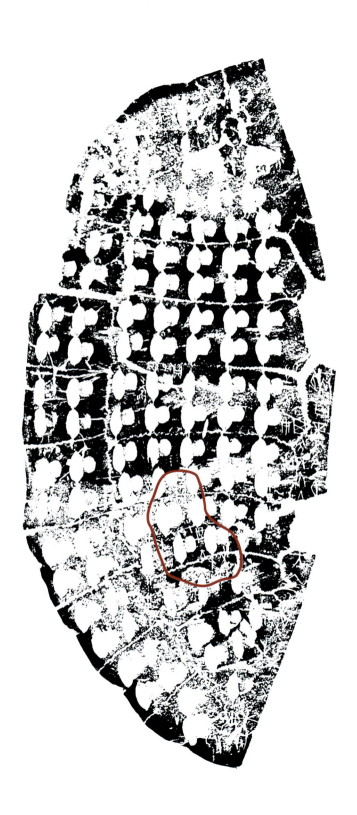

（三）生子礼俗

『求生』卜辞

乙未卜，于姓壬求生？

第一期

《甲骨文合集》22050

辞语解析

1. 姓壬，商代先王之配偶。姓，字作"{{" 形，本为匕，卜辞中常用为姓。在卜辞中，商王配偶为姓壬者，有大庚、大戊，此姓壬究竟是谁不能确知。在商人心目中，姓庚、姓丙、姓壬、姓己、姓癸合称"五姓"，她们是能为商族人口繁衍增长带来希望的生育女神。

2. 求，字作"{{" 形，祈求。求生，即拜求得子。

卜辞大意

这是一条反映商代祈子求孕的卜辞。卜辞大意是乙未日占卜，贞问："是否应向姓壬祈求得子？"

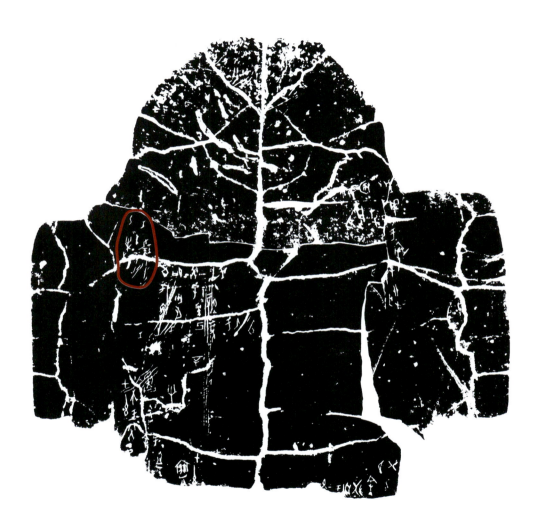

『名子』卜辞

乙亥卜，王，余弗其子妇姪子？

第一期

《甲骨文合集》21065

辞语解析

1. 余，字作“[illegible]”形，商王自称。

2. 子，字作“[illegible]”形，本义为名词，在此用为动词，义为名子，即为孩子命名。

3. 妇姪，商王室命妇。

卜辞大意

这是一条反映商代为生子命名的卜辞。卜辞大意是乙亥日商王亲自占卜，贞问：“不要为妇姪所生之子命名吧？”

（四）丧葬礼俗

『葬贝』卜辞

戊申卜，
殼贞：缶虫其葬贝？

第一期

《甲骨文合集》11426

辞语解析

1. 戊申，字作"⼞⼳"形，干支日，殷商时期的纪日法。

2. 殼，字作"⼞""⼞"等形，为负责本次占卜的贞人名。"殼"是武丁中后期的代表贞人，卜辞习见。

3. 缶，字作"⼞"形，人名，是缶部族的首领，属武丁时期人。另有《合集》1027正："己未卜，殼贞：缶其来见王？一月。"

4. 虫，义为"有"。

5. 葬，字作"⊠""⊠""⊠""⊠""⊠"等形，目前隶定意见不一，依徐中舒主编《甲骨文字典》隶定为"葬"。《说文》："葬，藏也。从死在茻中。"表示人死后埋葬的状态。

6. 贝，字作"⊠"形，义即贝壳。商代用贝作为商品交易的货币。

卜辞大意

这是一条反映商代随葬品种类的卜辞。卜辞大意是戊申日占卜，贞人殻卜问："缶族首领的随葬品是否要有贝？"

伴随着商代商品经济的发展，作为流通货币的贝已成为人们财富和身份的象征。商代有以贝作为随葬品的葬俗，常见的有含贝、握贝。

『在狱葬韦』卜辞

1 壬戌卜，在狱葬韦？用

2 于襄葬韦？不用。

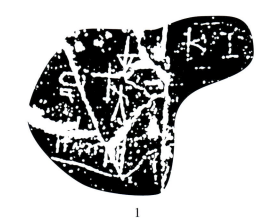

1　　　　　　　2

第一期

《殷墟花园庄东地甲骨》195

辞语解析

1. 狱，字作"狱"形，地名。

2. 韦，在甲骨文中作"🦌""🦌""🦌""🦌"等形，人名，是武丁时期的卜人。

3. 用，字作"用""用"形，采用、采信的意思。《说文》："用，可施行也。"意为"可采用"，各期卜辞义同。在此为占卜结果用语。用，表示采用占卜结果；不用，表示不采用占卜结果。

4. 于，字作"于""于"形，介词，同"在"。

5. 襄，字作"夕""夕""夕""夕"等形，地名。

卜辞大意

　　这是一版反映埋葬地点的卜辞。大意是壬戌日占卜，贞问："是在狱地埋葬韦？还是在襄地埋葬韦？"结合两条卜辞后出现的"用""不用"，推知最后选择在狱地埋葬韦。

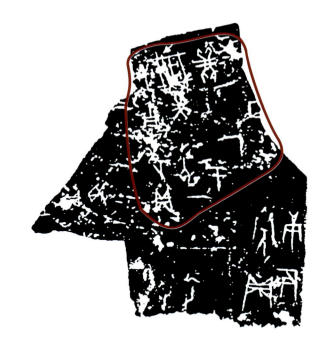

『黿于□丁』卜辞

庚子卜，贞：葬𡿧以黿于□丁……？

第一期
《怀特氏等收藏甲骨文集》475

辞语解析

1. 𡿧，人名。

2. 黿，字作"𡿧"形，本义是蛛之象形，在此借指诛杀之诛。葬𡿧以黿，即杀人以为𡿧殉葬。

卜辞大意

　　这是一条反映商代杀人殉葬的卜辞。大意是卜问是否要杀人为𡿧殉葬。

　　人殉（杀人殉葬）是商代晚期祭祀中的突出现象，在贵族墓中尤为常见。这是因为商人"事死如事生"，迷信人死以后，会在另一个世界生活，墓葬即是墓主在另一个世界的居所。在卜辞中，有诸如"王其侑于小乙羌五人，王受祐？十人，王受祐"（《合集》26922）、"大乙伐十羌又五"（《怀特》1558）等杀害奴隶为主人殉葬的例子。在殷墟考古遗址中，商代晚期的大、中型墓址，如侯家庄西北岗亚字形大墓、武官村中字型大墓，都有数量不等的杀殉坑。

简称	全称
《丙》	《殷虚文字丙编》
《补编》	《甲骨文合集补编》
《粹》	《殷契粹编》
《村中南》	《殷墟小屯村中村南甲骨》
《东京》	《东京大学东洋文化研究所藏甲骨文字》
《合集》	《甲骨文合集》
《后》	《殷虚书契后编》
《花东》	《殷墟花园庄东地甲骨》
《怀特》	《怀特氏等收藏甲骨文集》
《甲》	《殷虚文字甲编》

《戬》　　　　　　　《戬寿堂所藏殷虚文字》

《菁》　　　　　　　《殷虚书契菁华》

《库》　　　　　　　《库方二氏藏甲骨卜辞》

《明藏》　　　　　　《明义士收藏甲骨文集》

《前》　　　　　　　《殷虚书契前编》

《苏德》　　　　　　《苏、德、美、日所见甲骨集》

《天理》　　　　　　《（日本）天理大学附属天理参考馆藏品·甲骨文字》

《铁》　　　　　　　《铁云藏龟》

《屯南》　　　　　　《小屯南地甲骨》

《邺初下》　　　　　《邺中片羽初集下》

《乙》　　　　　　　《殷虚文字乙编》

《佚》　　　　　　　《殷契佚存》

《英藏》　　　　　　《英国所藏甲骨集》

参考文献

著作：

陈剑：《甲骨金文考释论集》，线装书局，2007年。

陈梦家：《殷虚卜辞综述》，中华书局，1988年。

段玉裁：《说文解字注》，上海古籍出版社，1981年。

郭沫若：《卜辞通纂》，《郭沫若全集》第2卷，科学出版社，2017年。

郭沫若：《殷契粹编考释》，石印本，日本开明堂株式会社，1937年。

罗振玉著，罗继祖主编：《罗振玉学术论著集》，上海古籍出版社，2010年。

孟世凯：《甲骨学辞典》，上海人民出版社，2009年。

彭邦炯：《甲骨探史录》，生活·读书·新知三联书店，1982年。

彭邦炯：《甲骨文农业资料考辨与研究》，吉林文史出版社，1997。

屈万里：《殷虚文字甲编考释》，台北"中央研究院"历史语言研究所，1961年。

饶宗颐：《殷代贞卜人物通考》，香港大学出版社，1959年。

上海师范大学古籍整理小组：《国语》，上海古籍出版社，1987年。

宋镇豪：《夏商社会生活史》，中国社会科学出版社，1994年。

唐兰：《殷虚文字记》，中华书局，1981年。

王先谦：《汉书补注》，商务印书馆，1941年。

王襄：《簠室殷契类纂·正编第七》，天津河北第一博物院，1920年。

王宇信、杨升南主编：《甲骨学一百年》，科学文献出版社，1999年。

王宇信等主编：《甲骨精粹释译》，云南人民出版社，2004年。

许进雄：《明义士收藏甲骨释文篇》，加拿大多伦多皇家安大略博物馆，1977年。

杨升南：《甲骨文商史丛考》，线装书局，2007。

杨升南：《商代经济史》，贵州人民出版社，1992年。

杨树达：《卜辞求义》，《杨树达文集》之五，上海古籍出版社，1986年。

杨树达：《积微居甲文说》，中国科学院，1954年。

杨天宇：《周礼译注》，上海古籍出版社，2016年。

姚孝遂、肖丁：《小屯南地甲骨考释》，中华书局，1985年。

于省吾：《甲骨文字释林》，中华书局，1999年。

于省吾主编：《甲骨文字诂林》，中华书局，1996年。

张玉金：《甲骨卜辞语法研究》，广东高等教育出版社，2002年。

郑杰祥：《商代地理概论》，中州古籍出版社，1994年。

中国国家博物馆编：《中国国家博物馆馆藏文物研究丛书·甲骨卷》，上海古籍出版社，2007年。

中国社会科学院考古研究所：《殷墟花园庄东地甲骨》，云南人民出版社，2003年。

论文：

蔡哲茂：《说甲骨文葬字及其相关问题》，《第二届国际中国古文字学研讨会论文集》（续编），香港中文大学中国语及文学系，1995年。

陈剑：《说花园庄东地甲骨卜辞的"丁"——附：释"速"》，《故宫博物院院刊》2004年第4期。

钱穆：《中国古代北方农作物考》，《新亚学报》第一卷第二期，1956年。

裘锡圭：《释殷墟卜辞中与建筑有关的两个词——"门塾"与"自"》，《出土文献研究续集》，文物出版社，1989年。

宋镇豪：《甲骨文牵字说》，《甲骨文与殷商史》第二辑，上海古籍出版社，1986年。

孙机：《中国古独辀马车的结构》，《文物》1985年第8期。

严一萍：《殷商兵制》，《中国文字》新七期，台北艺文印书馆，1983年。

杨升南：《殷墟花东H3卜辞"子"是武丁太子孝己》，《2004年安阳殷商文明国际学术研讨会论文集》，社会科学文献出版社，2004年。

姚孝遂：《甲骨刻辞狩猎考》，载《古文字学研究》第六辑，中华书局，1981年。

喻遂生：《语法研究与卜辞训释》，《绵阳师院学报》2007年第4期。

周永珍：《殷代"韦"字铭文铜器》，《出土文献研究》，文物出版社，1985年。